Es NAVIDAD

TODO SOBRE

EL POLO NORTE

KRISTEN RAJCZAK NELSON
TRADUCIDO POR ESTHER SARFATTI

PowerKiDS press

NEW YORK

Published in 2020 by The Rosen Publishing Group, Inc.
29 East 21st Street, New York, NY 10010

First Edition

Translator: Esther Sarfatti
Editor, Spanish: Ana María García
Book Design: Reann Nye

Photo Credits: Cover Aleksei Verhovski/Shutterstock.com; p. 5 wavebreakmedia/Shutterstock.com; p. 7 Istimages/Shutterstock.com; p. 9 jorisvo/Shutterstock.com; p.11 Vladimir Melnikov/Shutterstock.com; p. 13 Bettmann/Getty Images; p. 15 https://commons.wikimedia.org/wiki/File:Santa_Claus_1863_Harpers.png; p. 17 Transcendental Graphics/Getty Images; p. 19 Kit Leong/Shutterstock.com; p. 21 Roman Babakin/Shutterstock.com; p. 22 Peter Dench/Getty Images.

Library of Congress Cataloging-in-Publication Data

Names: Rajczak Nelson, Kristen, author.
Title: Todo sobre el Polo Norte / Kristen Rajczak Nelson.
Description: New York : PowerKids Press [2020] | Series: Es Navidad | Includes webography. | Includes index.
Identifiers: LCCN 2018046623| ISBN 9781725305212 (paperback) | ISBN 9781725305243 (library bound) | ISBN 9781725305236 (6 pack)
Subjects: LCSH: North Pole—Juvenile literature.
Classification: LCC G635 .R28 2020 | DDC 394.2663—dc23
LC record available at https://lccn.loc.gov/2018046623

CPSIA Compliance Information: Batch #CSPK19. For Further Information contact Rosen Publishing, New York, New York at 1-800-237-9932.

CONTENIDO

LA CASA DE SANTA

Muchas historias acerca de Santa Claus tienen lugar en su casa y su taller en el Polo Norte. Ahí es donde revisa su lista para saber si los niños se han portado bien o mal. En los cuentos, vemos que los renos de Santa y los duendes también viven en el Polo Norte. Pero ¿por qué creemos que Santa vive tan al norte?

LO MÁS AL NORTE

¡El Polo Norte es un lugar que existe de verdad! Está ubicado en el océano Ártico y no se encuentra sobre un porción de tierra. Es el punto más **septentrional** de una línea llamada *eje*, la cual pasa por el centro de la Tierra. El planeta gira alrededor de esta línea. ¿Crees que Santa, o cualquiera, podría vivir ahí?

ZEML'A FRANCA
IOSIFA
FRANZ JOSEPH
LAND
North Pole
▽ 3910
OCEAN
KAP
MORRIS
JESUP
Lincoln
Sea
CAPE COLUMBIA
ELLESMERE

EL HOMBRE DE MIRA

La historia de Santa procede de una historia verdadera sobre un hombre llamado Nicolás. Él vivió entre los años 270 y 343 d. C. Hoy se le conoce como San Nicolás de Mira y vivió bastante lejos del océano Ártico y del Polo Norte. Vivió en lo que ahora es Turquía, ¡en Oriente Medio! Con el tiempo, sin embargo, su historia fue cambiando.

¡QUÉ FRÍO!

En el siglo XIX, a San Nicolás ya se le llamaba Santa Claus en muchos lugares. En 1823, se publicó un poema llamado *Una visita de San Nicolás*. Según el poema, Santa viajaba con "ocho pequeños renos". Los renos viven en lugares fríos, por eso a Santa se le comenzó a **asociar** con el hielo y la nieve de esos lugares.

LOS DIBUJOS DE NAST

La ubicación de la casa y del taller de Santa se volvió más **específica** gracias a un dibujante **político** llamado Thomas Nast. A finales del siglo XIX, la obra de Nast se podía ver en las cubiertas e interiores de muchas revistas de Estados Unidos e Inglaterra. Los dibujos de Nast hicieron famoso a Santa.

En la década de 1860, Nast comenzó a hacer **ilustraciones** navideñas en las que aparecía Santa. Anteriormente, la historia de Santa no se asociaba con ningún lugar específico. ¡Nast a veces lo dibujaba en el Polo Norte! El aspecto de Santa que conocemos hoy, con su barba blanca, vientre redondo y chispa en los ojos, también tomó forma en aquel entonces.

SANTA CLAUS

EN BUSCA DEL POLO NORTE

Entre mediados y finales del siglo XIX, varios **exploradores** intentaron llegar al Polo Norte. El público siguió de cerca las noticias de estas **expediciones**, aunque nadie conseguiría llegar al lugar hasta 1908 o 1909. Cuando Nast dibujaba a Santa en el Polo Norte, este era aún un lugar muy **misterioso**.

A Merry Christmas
PAINTING ONLY
COPYRIGHTED BY

LOS VERDADEROS POLOS NORTE

Podría ser posible, o no, que Santa Claus viva y trabaje en el Polo Norte **geográfico**, pero lo cierto es que ¡mucha gente lo imagina allí! Incluso se han fundado lugares para visitar que se basan en el Polo Norte. Polo Norte en Nueva York, y Polo Norte en Alaska, son dos pueblos que han servido como la casa y taller de Santa.

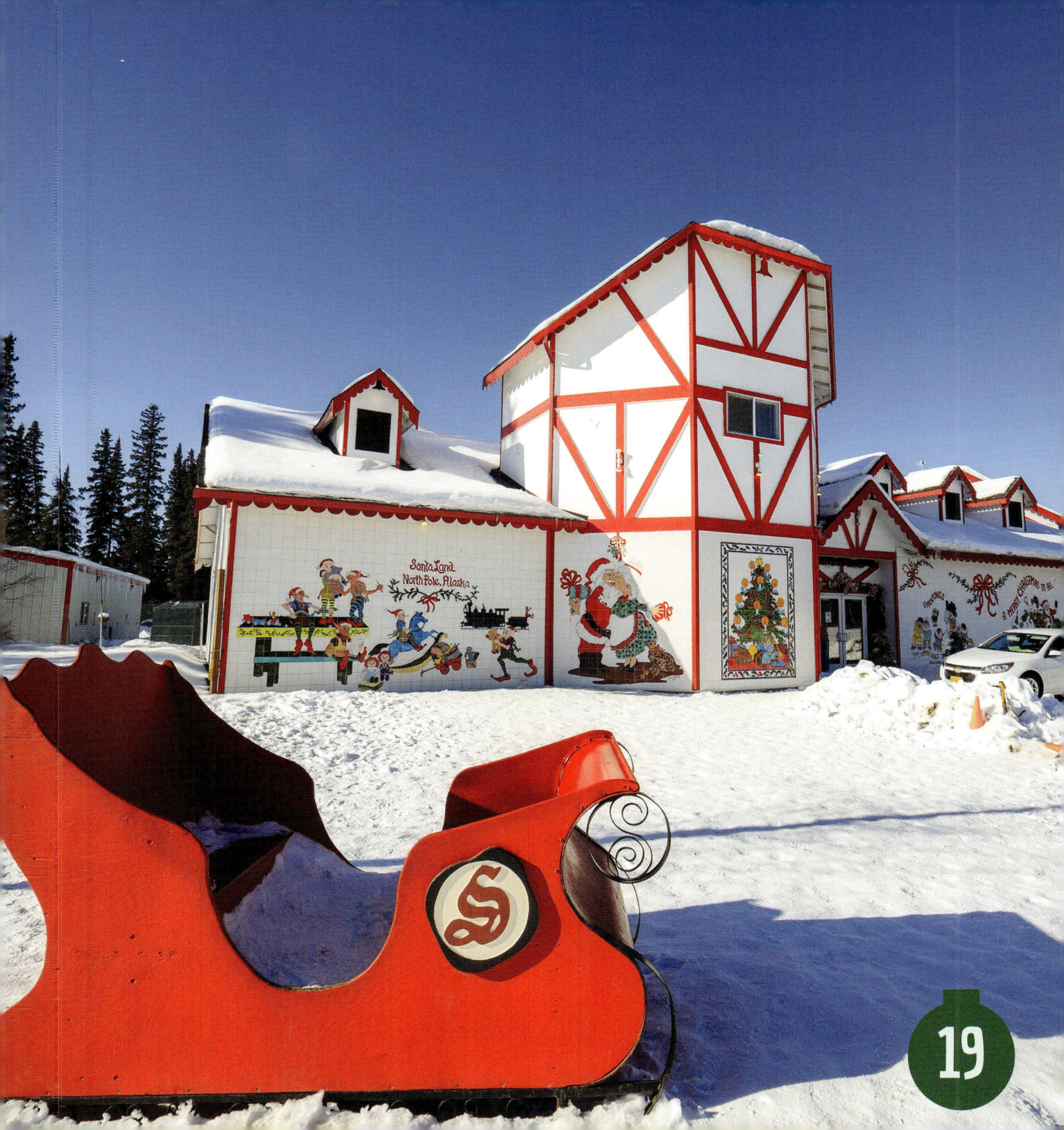
SantaLand
North Pole, Alaska

Existe otro lugar más cerca del Polo Norte geográfico donde se dice que vive Santa. La gente de Rovaniemi, Finlandia, comenzó a construir el Poblado de Santa en 1950. Todo empezó cuando la primera dama Eleanor Roosevelt visitó la ciudad y dijo que quería ver a Santa. ¡Hoy los visitantes pueden verlo los 365 días del año!

Santa Is Here

EL CORREO DEL POLO NORTE

Aunque la casa de Santa no esté exactamente en el Polo Norte geográfico, cuando le escribas una carta, esa es la dirección que debes usar. Si envías la carta por el servicio de correos de Estados Unidos, tal vez recibas una respuesta… ¡desde el Polo Norte!

GLOSARIO

asociar: relacionar o conectar con otra cosa.

específico: que tiene que ver con una persona, cosa o situación determinada.

expedición: un viaje que se hace con un propósito determinado.

explorador: alguien que viaja a un lugar para estudiarlo.

geográfico: que tiene que ver con o pertenece a cierto lugar.

ilustración: un dibujo o cuadro que aparece en una revista o en un libro.

misterioso: extraño o desconocido.

político: que tiene que ver con el Gobierno.

septentrional: relativo al norte.

ÍNDICE

SITIOS DE INTERNET

Debido a que los enlaces de Internet cambian constantemente, PowerKids Press ha creado una lista de sitios de Internet relacionados con el tema de este libro. Este sitio se actualiza con regularidad. Por favor, utiliza este enlace para acceder a la lista: www.powerkidslinks.com/IC/northpole